Exiles

Ilmar Lehtpere

translated from Estonian by the author

Stairwell Books //

Published by Stairwell Books
161 Lowther Street
York, YO31 7LZ

www.stairwellbooks.co.uk
@stairwellbooks

Exiles © 2025 Ilmar Lehtpere and Stairwell Books

All rights reserved. No part of this publication may be reproduced, stored in or introduced into a retrieval system, or transmitted, in any form, or by any means (electronic, mechanical, photocopying, recording, e-book or otherwise) without the prior written permission of the author.

The moral rights of the author have been asserted.

ISBN: 978-1-917334-17-4

Cover image: *The Dark Hedges* by nevio

p10

To Sadie

Table of Contents

Tähtkujud muudkui moonduvad – armastus ja Alzheimer
The Constellations Keep Changing – Love and Alzheimer's

Kus mu mees on?	*2*
Where's my husband!?	3
Kahekesi kõigume	*4*
Together we sway	5
Ma ei taha oma peas elada	*6*
I don't want to live inside my head	7
Küsid tihti oma ema ja isa järele	*8*
You often ask after your mother and father	9
Ma ei tunne teda enam ära	*10*
I don't recognise her anymore	11
Käin iga päev	*12*
I come every day	13
Sul on	*14*
You carry	15
Tähtkujud muudkui moonduvad	*16*
The constellations keep changing	17
Sõber kinkis sulle	*18*
A friend sent you a pair	19
Jalutame kahekesi	*20*
We are walking together	21
Vaatad kaua aknast välja	*22*
You are looking out of the window	23
Lapsed	*24*
Children	25
Iga päev	*26*
Every day	27
Me oleme aastaid selle vastu võidelnud	*28*
After all these years of struggle	29

Õhku ahmides
Gasping for Air

Viirus ei lubanud meil jälle kohtuda	*32*
The virus didn't allow us to meet again	33
Enne kui mulle toodi su tuhk täna	*34*
Until your ashes came today	35
Kuigi sind ei ole enam	*36*
Even though you're gone	37
Juba enne kui andsid positiivse proovi	*38*
Even before you tested positive	39
LAURA	*42*
LAURA	43
KILLUD Sadie Murphy	*46*
SHARDS *Sadie Murphy*	47

Tähtkujud muudkui moonduvad –
armastus ja Alzheimer

The Constellations Keep Changing –
Love and Alzheimer's

Kus mu mees on?
küsid sa äkki
ja paned mu südame hirmust pekslema
nagu tahaks ta kohe rinnakorvist
pakku joosta
tagasi minevikku
kus kõik oli veel
omal kohal

Ma olen ju siin
vastan ma
Kuigi aiman juba
et siin ja praegu
on see vale vastus

Sa näitad pildile
kus oleme kahekesi
ja ütled
See on minu mees!
Kes sina oled?

Ja selle peale ma vaikin
Lähen hoopis uksest välja
On sügis
Värisen õues koos
surevate lehtedega
Kui tagasi tulen
tunned mind järgmise korrani ära

Aga hirm jääb sammuma
vaikselt edasi-tagasi
hämaruses

Where's my husband!?
you ask suddenly
and set my heart pounding for fear
as if it wanted to escape from my ribcage
and flee
back to the past
where everything was still
in its place

I'm here
I answer
though I already sense
that here and now
that is the wrong answer

You point to a picture
of the two of us together
and say
That is my husband!
Who are you!?
I say nothing more
and go outside
It's autumn
I shiver in the garden
together with the dying leaves
When I come back
you recognise me until the next time

But fear keeps on pacing
quietly back and forth
in the shadows

Kahekesi kõigume
põrgu äärel
kust tõbi julmalt
ikka ja jälle
tõukab sind
põrgu põhja
Ma ei suuda sind tagasi hoida
ja lähen sinu järel kaasa

Tõelisuse selged kontuurid
sulavad seal
ja see mis on meile kallis ja omane
kaobki korraks
põrgu külma uttu

Together we sway
on the brink of hell
where the affliction
again and again
pushes you into the pit
I can't hold you back
and so follow you down

Reality's clear contours
dissolve there
and what is for us dear and our own
disappears for a time
in the cold fog of hell

Ma ei taha oma peas elada
ütled haiglaõele
pisarate vahelt
Ma ennast siin kuskil ei näe

Õde vaikib
Vastab sulle
suure sooja kallistusega
omaenda silmad pisaratest tulvil

I don't want to live inside my head
you say to a nurse
through your tears
I don't see myself here anywhere

The nurse says nothing
She answers you
with a big warm embrace
her own eyes welling up with tears

Küsid tihti oma ema ja isa järele
et kuidas neil läheb
Varem tuletasin sulle meelde
et nad on surnud

Imestasid et see oli
sul meelest ära läinud

Mõtlesin
et selles ühes asjas
pean ikka ausaks jääma

Aga siis hakkasid reageerima
nagu kuuleksid seda
esimest korda

Küsisid
miks sulle ei öeldud ja
kas matused on juba ära

Nüüd kui küsid
kuidas emal ja isal läheb
vastan et hästi

Ja loodan
et ma ei valeta

You often ask after your mother and father
and how they are keeping
I used to remind you
that they are dead

You were amazed
that it had slipped your mind

I thought
that in this one thing
I had to remain honest

But then you started reacting
as if you were hearing this
for the first time

You asked
why you hadn't been told
and if the funerals had already been held

Now when you ask
how your parents are doing
I answer *all right*

And hope
I am not lying

Ma ei tunne teda enam ära
Tahan teda meeles pidada
nii nagu ta varem oli
Parem mitte enam kohtuda
ütlevad sõbrad ja sugulased
sinu kohta
kallis

Aga haiglaõde –
noor erk poisipeaga naine –
räägib mulle ikka ja jälle
milline sa oled
milline sa olid
enne kui sa haigeks jäid
ammu enne tema enese sündigi
kui olid ise noor erk poisipeaga naine

Tema tunneb sind ära
ja sina teda ka

I don't recognise her anymore
I want to remember her
the way she was
Best not to meet anymore
say friends and relations
about you
my love

But a nurse –
A young perky woman with boyish hair –
tells me again and again
what you are like
what you were like
before you became ill
long before she was even born
when you were a young perky woman with boyish hair
yourself

She recognises you
and you her

Käin iga päev
sinu väikeses sürreaalses maailmas
kus üks võõras tüdruk
istub nurgas
tundide kaupa
ja siis lihtsalt haihtub
Kus üks paar
vahel ronib aknast sisse
ja mustas kleidis naine
seisab mu selja taga
Kus mina olen vahel üleni roheline
ja taevas roosa

Aga siin eksiilis
on sinu väike sürreaalne maailm
ainuke koht
kus leian soojust
ja armastust
Ainuke koht
kus ma ei ole üksinda

I come every day
to your small surreal world
where a strange girl
sits in the corner
for hours and hours
and then just disappears
Where a couple
sometimes climbs in through the window
and a woman in a black dress
stands behind me
Where I am sometimes green all over
and the sky is pink

But here in our exile
your small surreal world
is the only place
where I find warmth
and love
The only place
where I am not alone

Sul on
kõik oma väärtasjad
kaasas
kogu oma maine vara
kui sa sammud iga päev mööda koridori –
raamatud mis oled kirjutanud
aga ei oska enam lugeda
kaisuelevant
ning sõrmedel ja randmetel
keldi mustritega
hõbedast käsitööehted
mis lähevad ikka üks teise järel kaduma

Ühel päeval kingin sulle
šoti hõbesepa valmistatud
õrna käevõru

Oh kui ilus! ütled sa
ja aastad sulavad korraks su näolt

Ja siis
kõhklevalt
Kas see on mulle päriseks
või ainult vaatamiseks?

You carry
all your valuables
all your worldly goods around with you
as you pace the corridors every day –
the books you have written
that you can't read any more
your cuddly elephant
and around your wrists and fingers
handmade silver jewellery
of Celtic design
that keeps disappearing

One day I bring you
a delicate bracelet
made by a Scottish silversmith

Beautiful! you say
as the years fall from your face

And then
hesitantly
*Is it for keeping
or only for looking?*

Tähtkujud muudkui moonduvad
Triivime kahekesi paadis
kogu aeg kaldast eemale
ilma purjeta tüürita aeruta

Pole mõtetki enam hüüda
Oleme liiga kaugele ajunud
Rannarahvas
ei näe ega kuule meid enam
niikuinii...

Sa vaikid kaua
Vaatad ja vaatad pilvi
Lausud lõpuks
Unistused ja unenäod
on rohelises rohus

The constellations keep changing
We are drifting in a boat
ever further away from shore
without sail rudder or oars

There is no point in calling out
We have strayed too far
No one on shore
will see or hear us now
anyway...

You are silent for a long time
You watch and watch the clouds
Finally you say
Dreams
are in the green grass

Sõber kinkis sulle
ilusad käsitöösokid
Sa olid väga liigutatud
et ta sulle mõtleb
aga sa kannad neid hoopis
kinnastena

Nagu lapsepõlves
kui pidevad rahamured ei lubanud
su emal osta kindaid
kuuele lapsele
ja kinnaste asemel
tõmbas ema teile
sokid kätte

A friend sent you a pair
of lovely hand-knitted socks
You were very touched
that she was thinking of you
but you wear them as gloves instead

Like in your childhood
when constant money worries didn't allow
your mother to buy gloves
for six children
and you all had to make do
with the socks she pulled
on your hands

Jalutame kahekesi
haigla koridoris
Sa hoiad mu käest kõvasti kinni
Näen et miski vaevab sind –
su pilk on sissepoole pööratud
ja su suu liigub tasakesi
Sina
luuletaja
sõnavõlur
pead nüüd oma sisemusest
kõige lihtsamaid sõnu otsima
välja kraapima
ja omaette
neid veel harjutama

Lõpuks vaatad mulle otsa
vesiste silmadega
ja ütled
Palun tule alati mulle appi

Ja mu süda murdub jälle
tuhandeks tükiks

We are walking together
in the hospital corridor
You are holding my hand very tightly
I see that something is troubling you –
Your gaze is turned inwards
and your lips are moving slightly
You
poet
wordspinner
now have to seek out the simplest words
from deep within you
scrape them out
and then rehearse them
quietly to yourself

Finally you look at me
your eyes full of tears
and you say
Please always come and help me

And my heart breaks again
into a thousand pieces

Vaatad kaua aknast välja
pilviste silmadega
Aegapidi hajuvad pilved
korraks laiali
Selgest sinisest hakkavad
piisad langema
Mul oli nii palju sõpru
Kuhu nad on kõik jäänud?

Vastuseks oskan ainult
sind kallistada
ja sulle valetada

Sest tõde on liiga valus:
sinul on Alzheimer
aga sina oled see
keda ära unustatakse

You are looking out of the window
and your eyes are clouded over
Slowly the clouds scatter
for a moment
From the clear blue
drops begin to fall
I used to have so many friends
Where have they all gone?

In answer I can only
cuddle you
and lie

Because the truth is too painful:
You have Alzheimer's
But you are the one
who has been forgotten

Lapsed
su eluaegsed
hingesugulased
ja mängukaaslased
on hakanud sind kartma
Nad ei tunne sind enam ära
kui kutsud neid mängima
vaid vaatavad altkulmu
ja põgenevad ema juurde

Sa varjad
oma hämmeldust
ja kurbust
sunnitud naeratuse taha
ja hoiad mu käest
veel kõvemini
kinni

Children
your life-long
soul-mates
and playmates
have begun to fear you
They don't recognise you anymore
when you call them out to play
but instead they scowl at you
and flee to their mothers

You hide
your bewilderment
and sorrow
behind a forced smile
and hold
even more tightly
on to my hand

Iga päev
sa avastad oma maailma uuesti
lapse suuresilmse imestustundega...

Täna äkki hakkad uurima
oma vasakut kätt
suure uudishimuga
Pöörad seda igatpidi ikka ja jälle
kuni tekib suur äratundmise naeratus
ja vasakut kätt parema käega silitades
ütled *Ah seda ma ju tunnen juba*

Ja me rõõmustame kahekesi koos

Every day
you discover the world anew
with a child's wide-eyed sense of wonder

Today you suddenly
start examining your left hand
with enormous curiosity

You turn it this way and that
again and again until
stroking your left hand with your right
you say with a big smile of recognition
Oh I already know this!

And we rejoice together

Me oleme aastaid selle vastu võidelnud
aga nüüd lõpuks on haigus meie vahele tulnud
Nüüd lõpuks on haigus meid lahutanud

Aga mitte see haigus
mis aegapidi muutis sind mu naisest minu lapseks
vaid hoopis teine haigus
mis ei olegi meid veel nakatanud
aga siiski vangistab meid
sind oma hooldekodus
mind oma korteris

Õed ja hooldajad räägivad et oled õnnelik rõõmus jutukas
ja mulle tundub et olen üleliigseks jäänud sinu elus
Siiski rõõmustan igatsusega et oled õnnelik

Kui viirus lubab meil jälle kohtuda
ei tea kas tekib sinus äratundmise kuma
Igal juhul usun et sa siis naeratad ja hoiad mu kätt
sest ma olen sinu vastu heasüdamlik
ja heasüdamlikkus on sulle kallis üle kõige

After all these years of struggle
illness has finally come between us
Illness has finally separated us

Not the illness that has gradually
turned you from my wife into my child
but rather another illness altogether
that hasn't even afflicted either of us yet
but has imprisoned us both
you in your nursing home
me in my flat

By all accounts you are happy cheerful chatty
and it seems I have become superfluous in your life
yet I am wistfully glad that you are happy

If we ever meet again I wonder if there will be
a glimmer of recognition within you
Nevertheless I believe
you will smile and hold my hand
because I will be kind to you
and you treasure kindness above all else

Õhku ahmides

Gasping for Air

Viirus ei lubanud meil jälle kohtuda
vaid hiilis hooldekodusse
ja haaras sinust kinni

Aga enne lõppu
haigla halastas meile
ja kutsus mind sinu juurde
su viimastel tundidel

Tunnid aga pikenesid kaheks päevaks

Ma hoidsin kogu aeg kõvasti su käest kinni
ja püüdsin sind lohutada
kui sa vaikselt võitlesid kõige jubedamate valude vastu
ja püüdsid hingata

Selle kahe päeva jooksul
tegid üks kord silmad lahti
Vaatasid uimaselt ringi
kuni sa nägid mind

Ja naeratasid

The virus didn't allow us to meet again
Instead it insinuated its way into the nursing home
and took you in its clutches

But before the end
the hospital took pity on us
and called me in to be with you
in your last hours

Those hours turned into two days

I held your hand tightly throughout
and tried to reassure you
as you silently fought the most unspeakable pains
and struggled to breathe

In the course of those two days
you only opened your eyes once
You gazed drowsily around the room
until you saw me

And smiled

Enne kui mulle toodi su tuhk täna
olid palumata pildid mu vaimusilma ees
sinust suremas
Nägin ikka
kuidas su keha oli pingule tõmbunud
talumatute valude vastu
ja sa ahmisid õhku

Täna on palumata pildid
su surnukehast

Ja sellest kuidas arst ja haiglaõed
kohe hakkasid kliiniliselt torkama ja tõukama
seda mis sinust oli järele jäänud
kui ma lõpuks ütlesin neile
et sa oled lahkunud

Ja kuidas ma lihtsalt tahtsin
sealt minema
sest sa olid kõikjal
kuid mitte seal

või mitte kusagil

Until your ashes came today
the unbidden images in my mind
were of you dying
body tensed against the unbearable pain
or just gasping for air

Today the unbidden images
are of you
dead

And the immediate procedural
pokings, proddings and positionings
of what remained of you
by the doctor and nurses
when I finally told them
you were gone

And just wanting to get away
because you were
everywhere but there

Or nowhere at all

Kuigi sind ei ole enam
leian ennast ikka ja jälle
su haiglavoodi kõrval
ja hoian su kätt
kui sa püüad hingata

Tundub
et need paar päeva
on alla neelanud
kogu meie kooselatud elu

Even though you're gone
I keep finding myself
at your bedside
holding your hand
as you struggle to breathe

It seems
the whole of our life together
has been swallowed up
by those last days

Juba enne kui andsid positiivse proovi
helistas mulle arst kes ütles
et ei pakuta sulle mingit erilist ravi
kui sul on koroonaviirus

Sul oli dementsus
nii et sind ei peetud päästmise vääriliseks

Teadsin et pole mõtet vastu vaielda –
see on haigla politiika
ja sain aru tema toonist ja sõnavalikust
et ta on uuest liigist Inglismaa arst –
ta on juba ammu enne koroonaviiruse teket
praktitseerinud suhtlusdistantsi
et hoida oma käsi ja nime puhtana
ja ta süda on kogu aeg olnud karantiinis
hirmul et võib ennast kaastundega infitseerida

Mind lubati sinu juurde
su viimasteks tundideks –
mitte arstide poolt olgu see kohe öeldud –
aga sa võitlesid veel kaks päeva oma elu eest
su keha tihti hääletult väändunud valust –
dementsuse tõttu olid ära unustanud
kuidas kisendada
kui on nii valus

Sa ei tahtnud surra

Üle tunni aja palus üks haiglaõde
arstil välja kirjutada morfiumi retsepti
mida ta lõpuks tegi ainult siis
kui õde pöördus tema ülemuse poole

Even before you tested positive
a doctor phoned to tell me
they would take no special measures
if it proved to be covid

You had dementia
and so you were not worthy of saving

I knew there was no point in arguing –
it was policy
and I heard in his tone and choice of words
that he was one of the new breed of doctors –
he had been social distancing
long before coronavirus came along
keeping his hands clean and his name safe
and his heart had been self-isolating all the while
for fear of being contaminated by compassion

I was allowed in to be with you
for your last hours –
not by doctors let it be said straightaway –
but you fought on for two days
your body at times silently twisted and contorted
with pain –
dementia had made you forget
how to scream
when it hurt that much

You didn't want to die

A nurse chased a doctor
for well over an hour
for a morphine prescription
which he only condescended to give
when she turned to his boss

Õdede hämmastuseks
sa lihtsalt polnud valmis surema
vaid võitlesid kaks päeva edasi
Sa ei tahtnud surra

Ja see mõte ei jäta mind rahule:
kui nad oleks sind pidanud vääriliseks
kui nad oleks püüdnud
sa võiksid tana veel elus olla

To the amazement of the nurses
you just wouldn't die
but fought on for two days
You didn't want to die

And I can't stop thinking:
If you had been thought worthy
if they had made the effort
you might be alive today

LAURA

1

Olen sinu jaoks olemas
sa tekstisid kui kõik oli murenemas
Aga ma teadsin ju

Sa olid minu jaoks olemas
juba siis kui Sadiet viidi haiglasse kopsupõletikuga
ja me proovisime mitte tähele panna
kuidas koroonaviiruse viirastus seisis kõikjal varjus
Sa olid kogu aeg minu jaoks olemas
ja seega andsid mulle lootust

Sa olid minu jaoks olemas
kui arst helistas
ja purustas kõik lootused
kuigi üritasin
mõnest väikesest killust ikka kinni hoida
aga see ainult pani mu käed veritsema
Sa lihvisid killud siledamaks
ja tegid valu talutavamaks

Sa olid minu jaoks olemas
nähtamatult aga tajutavalt ruumis
vaikselt
toeks mu selja taga
igaks juhuks valmis aitama
kui istusin üksinda koos Sadiega
ja hoidsin kaks päeva ta käest kinni
kui ta oli suremas

Sa olid kogu aeg minu jaoks olemas
vaid teksti kaugusel
ja seega andsid mulle julgust
hirmule ja lootusetusele vastu astuda

LAURA

1

I'm here
you texted as it was all crumbling
but I already knew

You were there
when Sadie was taken to hospital
with a chest infection
and we tried to ignore the spectre
of covid standing in the shadows
You were there all the while
and by being there you gave me hope

You were there
when a doctor phoned me
to shatter those hopes
though I still tried to hold on
to a few small sharp fragments
that only made my hands bleed
You were there to smooth the edges
and make the pain bearable

You were there
invisibly but palpably
the third person in the room
standing silently behind me
in case you were needed
when I sat alone with Sadie for two days
holding her hand
as she lay dying

You were always there
only a text away
And by being there
you gave me courage
to face my utter fear and despair

Ja sa oled ikka minu jaoks olemas armas sõber
Aitad mul leinata
aitad mul õppida jälle elama
kui istume sinu korteri ees
teineteisest kahe meetri kaugusel
mureneval müüril
mis on mulle nüüd saanud koduks rohkem
kui ükski teine koht

juuni 2020

2

Sa oled ikka minu jaoks olemas
ikka aitad mul leinata
aitad mul õppida jälle elama
kuigi me harva kohtume nüüd
harva räägime
ja murenev müür
mis oli mulle koduks saanud
kus istusime kord nädalas
teineteisest kahemeetri kaugusel
on nüüd kuskil sügaval minu sees

Aga sa oled ikka minu jaoks olemas
seal kus sa viibid
oma vaikimises
oma luules
oma olemuses
ja avaras müürideta kohas mu sisemuses
kus mina olen alati sinu jaoks olemas
ja sina oled
mu kõige kallim sõber

juuli 2021

You are there now my dear friend
helping me grieve
helping me learn how to live again
as we sit socially-distanced
outside your flat
on a crumbling wall that is more home to me now
than anywhere else is

June 2020

2

And you are still there
still helping me grieve
still helping me learn how to live again
even though we seldom meet now
seldom talk
and the crumbling wall we used to sit on
that had become home to me
is somewhere deep inside me now

But you are still there for me
where you are
in your silence
in your poems
in your being
and in the place inside me with no walls
of any kind
where I will always be there for you
and you will always be
my dearest friend

July 2021

KILLUD
Sadie Murphy

See mida tahtsin öelda
tuli maailmalõpul
ja lendas ära

~

Muutuda tähendab
midagi kaotada

~

Tule kiiresti tagasi
Pane oma purjed selga

~

Tahan tagasi minna
sinna kus kõik on jumal
ja jumal on alati
minu juures

~

Ma ei taha surra
Tahan koju minna

SHARDS
Sadie Murphy

The thing I wanted to say
came at the end of the world
and flew away

~

To change means
to lose something

~

Come back quickly
Put your sails on

~

I want to go back
to where everything was God
and God was always
by me

~

I don't want to die
I want to go home

Acknowledgements

All but a few of the Estonian originals in *Exiles* appeared in my collection *Kodutud luuletused*, published in Tallinn by Verb in 2020. They all first appeared in various issues of the Estonian literary magazine *Looming*. The poem "We are walking together" first appeared in its English version in *Modern Poetry in Translation*.

My deepest gratitude goes to Laura Fisk. Without her persistent encouragement and insightful advice this and *Kodutud luuletused* would have been very different and much lesser books, if they had ever appeared at all.

I'm also deeply grateful to Kristiina Ehin and Ly Seppel-Ehin for reading and commenting on most of the original Estonian poems. And to Rose Drew and Alan Gillott of Stairwell Books for agreeing to publish *Exiles*.

Biography

Ilmar Lehtpere is an Estonian poet and translator. *Exiles* is a selection, with a few added poems, from the original Estonian *Kodutud luuletused*, which was shortlisted in Estonia for the Betti Alver Prize, and has been translated into Irish by Aogán Ó Muirheartaigh and into Macedonian by Julijana Velichkovska. His poetry has previously appeared in English, together with Sadie Murphy's, in *Wandering Towards Dawn* (Lapwing). He has translated a number of books from Estonian into English, including the Poetry Society Popescu Prize winner *The Drums of Silence* (Oleander Press) by Kristiina Ehin, the Poetry Book Society Recommended Translation *The Scent of Your Shadow* (Arc) by Kristiina Ehin, and *1001 Winters* (Bitter Oleander Press), also by Kristiina Ehin, which was short-listed for the Popescu Prize. He has translated books of poetry by Ly Seppel, Andres Ehin, Livia Viitol, and Mathura (together with the author and Sadie Murphy), and has translated a collection of Welsh poet Laura Fisk's poetry into Estonian.

Other anthologies and collections available from Stairwell Books

Village Fox	Richard Cave
An Anxiety of Poets in their Natural Habitat	Amina Alyal
First of All I Wrote Your Name	Winston Plowes
Sleeve Heart	Eleanor May Blackburn
Goldfish	Jonathan Aylett
Strike	Sarah Wimbush
Marginalia	Doreen Hinchliffe
The Estuary and the Sea	Jennifer Keevill
In | Between	Angela Arnold
Quiet Flows the Hull	Clint Wastling
Lunch on a Green Ledge	Stella Davis
there is an england	Harry Gallagher
Iconic Tattoo	Richard Harries
Herdsmenization	Ngozi Olivia Osuoha
On the Other Side of the Beach, Light	Daniel Skyle
Words from a Distance	Ed. Amina Alyal, Judi Sissons
Fractured	Shannon O'Neill
Unknown	Anna Rose James, Elizabeth Chadwick Pywell
When We Wake We Think We're Whalers from Eden	Bob Beagrie
Awakening	Richard Harries
Starspin	Graehame Barrasford Young
A Stray Dog, Following	Greg Quiery
Blue Saxophone	Rosemary Palmeira
Steel Tipped Snowflakes 1	Izzy Rhiannon Jones, Becca Miles, Laura Voivodeship
Where the Hares Are	John Gilham
The Glass King	Gary Allen
Gooseberries	Val Horner
Poetry for the Newly Single 40 Something	Maria Stephenson
Northern Lights	Harry Gallagher
More Exhibitionism	Ed. Glen Taylor
The Beggars of York	Don Walls
Lodestone	Hannah Stone
Learning to Breathe	John Gilham
Throwing Mother in the Skip	William Thirsk-Gaskill
New Crops from Old Fields	Ed. Oz Hardwick
The Ordinariness of Parrots	Amina Alyal
Homeless	Ed. Ross Raisin

For further information please contact rose@stairwellbooks.com

www.stairwellbooks.co.uk
@stairwellbooks

www.ingramcontent.com/pod-product-compliance
Lightning Source LLC
Chambersburg PA
CBHW031216090426
42736CB00009B/945